Este cuaderno es de:

_____

Iglesia
Cristiana
La Vid

Josué 1:9
Escucha lo que te mando: Esfuérzate y sé valiente. No temas ni desmayes, que yo soy el Señor tu Dios, y estaré contigo por donde quiera que vayas

Salmo 9:10
En ti confiarán los que conocen tu nombre pues tú, oh SEÑOR, no abandonaste a los que te buscaron.

Deuteronomio 31:8
El Señor va delante de ti. Él estará contigo, y no te dejará ni te desamparará. No temas ni te intimides.

Salmos 23:4
Aunque deba yo pasar por el valle más sombrío, no temo sufrir daño alguno, porque tú estás conmigo; con tu vara de pastor me infundes nuevo aliento.

Salmos 27:1
El Señor es mi luz y mi salvación; ¿a quién podría yo temer?
El Señor es la fortaleza de mi vida; ¿quién podría infundirme miedo?

Salmos 31:24
Ustedes, los que esperan en el Señor, ¡esfuércense, y cobren ánimo!

Salmos 32:8
Yo te voy a hacer que entiendas. Voy a enseñarte el camino que debes seguir, y no voy a quitarte los ojos de encima.

Salmos 46:7
¡Con nosotros está el Señor de los ejércitos! ¡Nuestro refugio es el Dios de Jacob!

Salmos 121:1-2
Elevo mis ojos a los montes; ¿de dónde vendrá mi socorro?
Mi socorro viene del Señor, creador del cielo y de la tierra.

Isaías 40:31
Pero los que confían en el Señor recobran las fuerzas y levantan el vuelo, como las águilas; corren, y no se cansan; caminan, y no se fatigan.

Isaías 43:2
Cuando pases por las aguas, yo estaré contigo; cuando cruces los ríos, no te anegarán. Cuando pases por el fuego, no te quemarás, ni las llamas arderán en ti.

Isaías 44:6
Así dice el Señor, el Rey y Redentor de Israel, el Señor de los ejércitos: Yo soy el primero; yo soy también el último. Fuera de mí no hay otro Dios.

Isaías 51:12
Yo mismo soy su consolador. ¿Quién eres tú para tener miedo de hombres mortales, que son como la paja?

Jeremías 1:8
No temas delante de nadie, porque yo estoy contigo y te pondré a salvo. Dice el Señor.

Mateo 11:28
Vengan a mí todos ustedes, los agotados de tanto trabajar,
que yo los haré descansar.

Juan 14:27
La paz les dejo, mi paz les doy; yo no la doy como el mundo la da. No dejen que su corazón se turbe y tenga miedo.

Juan 15:19
Si ustedes fueran del mundo, el mundo amaría lo suyo; pero el mundo los aborrece porque ustedes no son del mundo, aun cuando yo los elegí del mundo.

Juan 16:33
Estas cosas les he hablado para que en mí tengan paz. En el mundo tendrán aflicción; pero confíen, yo he vencido al mundo.

Romanos 8:31
¿Qué más podemos decir? Que si Dios está a nuestro favor, nadie podrá estar en contra de nosotros.

Romanos 8:37
Antes, en todas estas cosas somos más que vencedores por medio de aquel que nos amó.

1 Corintios 16:13
Manténganse atentos y firmes en la fe; sean fuertes y valientes.

Filipenses 4:13
Todo lo puedo en Cristo que me fortalece.

2 Timoteo 1:7
Porque no nos ha dado Dios un espíritu de cobardía, sino de poder, de amor y de dominio propio.

1 Pedro 5:7
Descarguen en él todas sus angustias, porque él tiene cuidado de ustedes.

1 Juan 4:4
Hijitos, ustedes son de Dios, y han vencido a esos falsos profetas, porque mayor es el que está en ustedes que el que está en el mundo.

1 Juan 5:4
Porque todo el que ha nacido de Dios vence al mundo. Y ésta es la victoria que ha vencido al mundo: nuestra fe.

Salmos 31:24
Cobren ánimo y ármense de valor, todos los que en el Señor esperan.

Josué 1:9
Ya te lo he ordenado: ¡Sé fuerte y valiente! ¡No tengas miedo ni te desanimes! Porque el Señor tu Dios te acompañará dondequiera que vayas.

Proverbios 3:5-6
Confía en el Señor de todo corazón, y no en tu propia inteligencia. Reconócelo en todos tus caminos, y él allanará tus sendas.

Salmos 23:4
Aun si voy por valles tenebrosos, no temo peligro alguno porque tú estás a mi lado; tu vara de pastor me reconforta.

Juan 16:33
Yo les he dicho estas cosas para que en mí hallen paz. En este mundo afrontarán aflicciones, pero ¡anímense! Yo he vencido al mundo.

Salmos 27:1
El Señor es mi luz y mi salvación, ¿a quién temeré? El Señor es el baluarte de mi vida; ¿quién podrá amedrentarme?

Salmos 32:8
El Señor dice: Yo te instruiré, yo te mostraré el camino que debes seguir, yo te daré consejos y velaré por ti.

Salmos 32:8
El Señor dice: Yo te instruiré, yo te mostraré el camino que debes seguir, yo te daré consejos y velaré por ti.

Salmos 120:1
En mi angustia invoqué al Señor, y él me respondió.

Isaías 40:31
Pero los que confían en el Señor renovarán sus fuerzas,
volarán como las águilas: correrán y no se fatigarán,
caminarán y no se cansarán.

1 Tesalonicenses 5:11
Por eso, anímense y edifíquense unos a otros, tal como lo vienen haciendo.

2 Timoteo 1:7
Pues Dios no nos ha dado un espíritu de timidez, sino de poder, de amor y de dominio propio.

Salmos 119:50
Este es mi consuelo en medio del dolor:
que tu promesa me da vida.

Salmos 46:7
El Señor Todopoderoso está con nosotros,
nuestro refugio es el Dios de Jacob.

Deuteronomio 31:8
El Señor mismo marchará al frente de ti y estará contigo;
nunca te dejará ni te abandonará. No temas ni te desanimes

Salmos 121:1-2
A las montañas levanto mis ojos; ¿de dónde ha de venir mi ayuda? Mi ayuda proviene del Señor, creador del cielo y de la tierra.

Mateo 11:28
Vengan a mí todos ustedes que están cansados y agobiados, y yo les daré descanso.

Salmos 31:24
Cobren ánimo y ármense de valor,
todos los que en el Señor esperan.

Salmos 32:8

El Señor dice: «Yo te instruiré, yo te mostraré el camino que debes seguir; yo te daré consejos y velaré por ti.

1 Corintios 16:13
Manténganse alerta; permanezcan firmes en la fe; sean valientes y fuertes.

2 Corintios 4:16
Por tanto, no nos desanimamos. Al contrario, aunque por fuera nos vamos desgastando, por dentro nos vamos renovando día tras día.

2 Corintios 1:5
Pues, así como participamos abundantemente en los sufrimientos de Cristo, así también por medio de él tenemos abundante consuelo.

Nahúm 1:7
Bueno es el Señor; es refugio en el día de la angustia, y protector de los que en él confían.

Proverbios 4: 23
Sobre toda cosa guardada, guarda tu corazón; porque de él mana la vida.

Salmos 71:5
Tú, Soberano Señor, has sido mi esperanza;
en ti he confiado desde mi juventud.

Lamentaciones 3:27
Bueno es que el hombre aprenda a llevar el yugo desde su juventud.

Josué 1:9
¿No te he mandado que te esfuerces y seas valiente? No temas ni desmayes, porque el SEÑOR tu Dios estará contigo dondequiera que vayas.

Deuteronomio 31:8
El SEÑOR es quien va delante de ti. Él estará contigo; no te dejará ni te desamparará. ¡No temas ni te atemorices!

Salmo 23:4
Aunque ande en valle de sombra de muerte no temeré mal alguno, porque tú estarás conmigo. Tu vara y tu cayado me infundirán aliento.

Salmo 27:1
El SEÑOR es mi luz y mi salvación; ¿de quién temeré?
El SEÑOR es la fortaleza de mi vida; ¿de quién me he de atemorizar?

Salmo 31:24
Esfuércense, todos ustedes los que esperan en el SEÑOR,
y tome aliento su corazón.

Salmo 46:7
El SEÑOR de los Ejércitos está con nosotros; nuestro refugio es el Dios de Jacob.

Salmo 121:1-2
Alzaré mis ojos a los montes; ¿De dónde vendrá mi socorro?
Mi socorro viene del SEÑOR, Que hizo los cielos y la tierra

Isaías 40:31
Pero los que esperan en el SEÑOR renovarán sus fuerzas; levantarán las alas como águilas. Correrán y no se cansarán; caminarán y no se fatigarán.

www.ingramcontent.com/pod-product-compliance
Lightning Source LLC
Chambersburg PA
CBHW070432010526
44118CB00014B/2011